Junior

por Steve Otfinoski ❖ ilustrado por Bridget Starr Taylor

Scott Foresman

Oficinas editoriales: Glenview, Illinois • New York, New York
Ventas: Reading, Massachusetts • Duluth, Georgia
Glenview, Illinois • Carrollton, Texas • Menlo Park, California

Muchos han oído hablar de Pecos Bill y
saben que fue el mejor vaquero de todos
los tiempos. Sin embargo, ¿sabes que tenía
un hijo?

Junior. Así se llamaba el hijo de Pecos
Bill. Sugarfoot era el poni de Junior.
A Sugarfoot le gustaba tanto jugar y
divertirse como a su dueño. Formaban
un excelente equipo.

Un día Pecos Bill iba a llevar el ganado
al pueblo para venderlo. Pero en el último
momento, un resfriado terrible se lo impidió
y tuvo que quedarse en el rancho. Cada
vez que estornudaba, el tejado de la casa
volaba por los aires.

—Creo que mi viaje va a tener que
esperar —dijo Bill.

—Papá, por favor —dijo Junior—,
deja que yo lleve el ganado al pueblo.
Yo puedo hacerlo.

—¿Estás seguro que puedes controlar
el ganado tú solo? —preguntó su padre.

—Mi poni me ayudará —dijo Junior.

Finalmente Pecos Bill dijo que sí y su hijo
salió corriendo antes de que su padre
estornudara de nuevo.

A la mañana siguiente, Junior cabalgó
junto al ganado en el lomo de su robusto
y veloz poni. Los esperaba un largo camino
hasta el pueblo. Al poco rato Junior sintió
hambre y se le ocurrió una idea.

Se adentró en un maizal, sacó una lupa
enorme de su bolsa y la dirigió hacia el sol,
ardiente y abrasador. Captó los rayos del sol
y los apuntó en dirección del maíz.

En cuestión de minutos, todo el maizal
empezó a reventar. Las palomitas de maíz
saltaban por los aires, como copos de nieve
en una tormenta. Junior comió hasta
llenarse y lo que sobró se lo dio a Sugarfoot
y al ganado.

Tantas palomitas de maíz le dieron
mucha sed a Junior, y al minuto divisó un
gran lago. Junior tenía tanta sed que entre
él y los animales secaron el lago, y así es
como se formó el desierto.

Ya estaba oscureciendo. Junior estaba
cansado y decidió montar campamento.
Luego sacó la guitarra y cantó una canción
de cuna para que el ganado se durmiera.

Junior también estaba a punto de dormirse, cuando de pronto se acercaron unos hombres a caballo.

—Buen ganado el que tienes ahí, hijo —dijo el jefe—. ¿Adónde lo llevas?

Junior se dio cuenta enseguida de que estos hombres querían llevarse su ganado.

—Lo llevo al pueblo —dijo—. Es el ganado de Pecos Bill.

Los hombres se sorprendieron y se asustaron a la vez.

—¿Dónde está Pecos Bill? —preguntó uno.

—Está enfermo en casa con gripe —dijo Junior—, pero yo soy su hijo y le llevo el ganado al pueblo.

Los hombres se rieron a carcajadas.

—Hijo —dijo uno de los hombres—, nosotros vamos a ayudarte. Tú solo nunca lograrás llevar ese ganado al pueblo.

—No necesito su ayuda —dijo Junior con valentía.

Junior no se entretuvo ni un minuto
más. Montó su robusto y veloz poni de un
salto y reunió al ganado. Él y Sugarfoot
movilizaron al ganado con tanta rapidez
que se levantó una nube de polvo tan
grande y espesa, que los hombres no
vieron cuando Junior se les escapó.

Los hombres quedaron atrapados por tres días en la tormenta de polvo.

Cuando Junior estuvo de vuelta en el rancho, su papá se alegró mucho de verlo. Junior le explicó lo de la tormenta de polvo.

—Eres igualito a mí —dijo Pecos Bill con orgullo—. Somos unos vaqueros de primera.

Sugarfoot estaba de acuerdo y relinchó contento.